W0038880

SCORPIO

EDITION

Now!

Heike Mayer
Karin Furtmeier

Vertrauen
ins Leben

Kraft und Zuversicht
für stürmische
Zeiten

SCORPIO

Liebe Leserin, lieber Leser,
die Texte dieses Bandes entstammen Kapitel 3 aus
dem Buch von Karin Furtmeier und Heike Mayer
*NOW! Gelassen leben im Hier und Jetzt: Achtsamkeit,
Yoga, Vertrauen ins Leben* (Scorpio Verlag).

In der  sind bisher erschienen
Achtsamkeit, Heike Mayer
Vertrauen ins Leben, Heike Mayer/Karin Furtmeier
Yoga im Alltag, Karin Furtmeier

MIX
Papier aus verantwor-
tungsvollen Quellen
FSC® C084279
www.fsc.org
FSC

© 2016, 2018 Scorpio Verlag GmbH & Co. KG, München
Umschlaggestaltung und Umschlagmotiv:
Hauptmann & Kompanie Werbeagentur, Zürich
Bild- und Quellennachweis: S. 119
Layout und Satz: Friederike Niemeyer, Hamburg
Druck und Bindung: Print Consult, München
ISBN 978-3-95803-151-7
Alle Rechte vorbehalten.
www.scorpio-verlag.de

INHALT

»Mangelndes Vertrauen ist nicht
das Ergebnis von Schwierigkeiten.
Schwierigkeiten haben ihren Ursprung
in mangelndem Vertrauen.«

Seneca

WEGWEISER IN DIE ZUVERSICHT

Vertrauen haben ins Leben. Darauf vertrauen, dass alles gut wird, auch wenn die Zeiten schwierig sind: Das wünscht sich wohl jeder.

Manche Menschen bringen dieses Vertrauen von Haus aus mit. Sie spüren, dass es etwas gibt, was ihnen Halt bietet, wenn der Alltag unübersichtlich wird oder eine Krise ihnen den Boden unter den Füßen wegzuziehen scheint. Falls du nicht zu diesen Glücklichen gehörst, die diese Zuversicht bereits fest in sich verankert haben, gibt es eine gute Nachricht. Denn du kannst sie entwickeln. In diesem Buch möchten wir dir Anregungen geben, wie sich das Vertrauen ins Leben stärken lässt.

Zwar haben wir kein Rezept, mit dem sich Vertrauen einfach so herstellen ließe. Denn Vertrauen gibt es nicht auf Knopfdruck und jeder und jede von uns muss den eigenen Weg finden hin zu dem Erleben, dass es etwas gibt, was ihn oder sie trägt. Auch wir beide, die eine Yogalehrerin, die andere Achtsamkeitstrainerin, kennen die Erfahrung, dass dieses Vertrauen manchmal ins Wanken gerät, dass wir zweifeln und die dunklen Wolken übermächtig erscheinen. Doch so, wie ein guter Gärtner Mittel hat, um die Erde vorzubereiten, damit seine Blumen gut gedeihen, so gibt es Möglichkeiten, den Boden zu bereiten, auf dem Vertrauen wachsen kann. Ein paar davon möchten wir mit dir teilen.

Lass uns mit einer kleinen Geschichte beginnen.

VOM MANN, DER NICHT LOSLASSEN WOLLTE

Es war einmal ein Mann, der sich in den Bergen verirrt hatte und den Heimweg nicht mehr fand. Der schmale Pfad vor ihm war steinig, und als die Dämmerung einsetzte, begann er sich zu sorgen, er könne im unwegsamen Gelände verunglücken. Die Nacht kam, und damit wuchs seine Angst. Unsicher setzte er einen Fuß vor den anderen, doch obwohl er so achtgab, geriet er an einem Abgrund ins Stolpern und rutschte den steilen Hang hinunter. Noch im Fallen konnte er sich mit letzter Kraft an eine überstehende Wurzel klammern.

Es war stockdunkel, eiskalt und seine Hände wurden steif vor Kälte. Wie lang würde er noch aushalten können? Wer würde kommen, ihn zu retten? Irgendjemand musste ihm helfen! Er hatte schon viele Jahre nicht mehr gebetet, doch nun rief er Gott um Hilfe an und um sicherzugehen auch gleich all die Götter anderer Leute, an die er sich erinnern konnte.

Er betete alle heiligen Worte, die ihm ein-
fielen, und versprach alles, was er nur konnte,
wenn er nur gerettet werden würde. Doch es
geschah nichts weiter, als dass seine Hände
immer kälter und steifer wurden und ihm die
Wurzel langsam, aber sicher entglitt.

Tränen der Angst und Ohnmacht rannen ihm
über das Gesicht, als er sich von der Welt
verabschiedete. »Wie tief wird der Abgrund
sein, in den ich stürze? Mein Körper wird am
Boden zerschmettern und niemand wird
wissen, wo ich zerschunden liege.« In der
Vergangenheit hatte er sich oft bitter über sein
Leben beschwert, doch nun war es ihm ein
grausiger Schrecken, es zu verlieren. Er stellte
sich vor, wie er fallen und fallen und schließlich
unter entsetzlichen Schmerzen sterben würde.
Sein Leid war unendlich. Verzweifelt klammer-
te er sich an die Wurzel, so lange er konnte.
Aber schließlich war der Moment gekommen,
wo er keine Kraft mehr hatte, und er musste
loslassen.

Sein Mund öffnete sich zu einem lauten Schrei – doch sein Sturz, den er sich die ganze Nacht so schrecklich ausgemalt hatte, endete zu seiner großen Überraschung schon nach wenigen Zentimetern. Mit wackligen Beinen stand er auf der festen Erde!

Der Mann hatte die ganze Nacht gekämpft und gelitten und war dabei doch an der Wurzel kurz über dem Boden gehangen.

Der Mann in der Geschichte klammert sich an die Wurzel, so wie wir uns oft an vermeintlichen Sicherheiten festhalten. Hätte ihn die Kraft in den Händen nicht verlassen, so würde er wohl noch immer dort hängen, ohne zu merken, dass gerade dieses Festhalten es ihm unmöglich macht, wieder Boden unter den Füßen zu spüren. Wenn wir uns irgendwo festklammern aus Angst vor Veränderung, dann verhindert oft genau dieses Festhalten die Erfahrung, dass das Leben uns auch durch Schwierigkeiten hindurchträgt.

Hast du nicht auch schon häufiger erlebt, dass du dir furchtbare Sorgen über etwas gemacht hast, was sich dann als völlig unproblematisch herausstellte? Oder dass du es doch zumindest bewältigen konntest?

Es ist verständlich, dass wir Angst vor dem Loslassen haben – so wie es verständlich ist, dass der Mann Angst hat, der sich über einem Abgrund glaubt. Das ist ja das Problem: dass er das, was er glaubt, für die Realität hält. Dass er sich sicher ist, seine Vorstellung wäre die Wirklichkeit. Er ist so davon überzeugt, dass das Loslassen eine Katastrophe sein wird und dass der sichere Tod auf ihn wartet, dass er Stunde um Stunde in wachsender Verzweiflung verharrt.

Manche Menschen scheinen ihr Leben lang an einer solchen Wurzel zu hängen, ohne die Erfahrung zu machen, dass gute Lösungen sich einstellen können, wenn sie den nächsten Schritt wagen.

Natürlich ist der sichere Boden nicht in jedem Fall so nah wie in der Geschichte. Natürlich tragen wir auch manchmal Schrammen davon, wenn wir etwas riskieren. Doch so ist es mit dem Vertrauen: Den Schritt zu wagen kann dir niemand abnehmen. Wenn du vertrauen willst, musst du anfangen zu vertrauen. Du musst loslassen und dem Leben einen Vertrauensvorschuss geben.

Vertrauen braucht eine Art Vorleistung von uns. In den Fällen, wo du dir sicher bist, dass alles problemlos funktionieren wird, brauchst du kein Vertrauen. Wenn du weißt, der Boden ist nur zehn Zentimeter weg, ist es keine große Sache, die Wurzel loszulassen. Anders sieht es aus, wenn du nicht sicher bist, wie tief es nach unten geht. Dann heißt es einmal durchatmen und eine Entscheidung treffen – festhalten oder loslassen?

Oder denke an zwei Konfliktparteien, die schon ewig im Streit miteinander liegen. Solange beide Seiten in Misstrauen verharren, kann es nicht zu einer Annäherung kommen. Einer muss den Anfang machen und dem anderen einen Vertrauensvorschuss geben.

Schau auf dein eigenes Leben. Könntest du öfter mal annehmen, dass das Leben es grundsätzlich gut mit dir meint? Dass der Boden trägt?

Du könntest anfangen. Du könntest einen ersten Schritt tun.

GEHMEDITATION MIT GESCHLOSSENEN AUGEN

Vertraue deinem nächsten Schritt

Bei dieser Übung kannst du ganz praktisch damit experimentieren, wie es sich anfühlt, kleine Schritte hin zu mehr Vertrauen zu machen. Am besten ist es, wenn du sie auf einer Wiese ausprobieren kannst. Suche dir eine Stelle, die einigermaßen eben ist und wo sich kein Fluss, keine Straße oder ein sonstiges Hindernis in der Nähe befindet. Falls du nicht draußen üben kannst, räume dir in deiner Wohnung ein paar Meter frei.

• Mache dich erst einmal mit deiner Umgebung vertraut. Blicke dich um, nimm alles wahr und bereite dich allmählich mental vor, die Gehmeditation auszuführen.

- Ziehe wenn möglich Schuhe und Strümpfe aus und setze deine Füße ganz achtsam auf das weiche Gras. Vielleicht nimmst du einen feinen Temperaturunterschied wahr, wenn deine Fußsohlen den Boden berühren. Womöglich spürst du auch ein wenig Feuchtigkeit. Nimm einige tiefe, bewusste, langsame Atemzüge.

- Nun schließe die Augen und lasse dich ein auf die Fülle der Natur. Deine Sinne werden dich dabei unterstützen. Was kannst du hören oder riechen? Spüre das Fundament unter dir, die Erde, die dich trägt.

- Wenn du stabil stehst, bereite dich mit geschlossenen Augen vor, den nächsten Schritt zu tun. Ganz langsam und ganz bewusst.

- Verlagere das Gewicht auf das linke Bein und hebe den rechten Fuß ein wenig vom Boden. Nun mache einen kleinen Schritt vorwärts. Setze langsam die Ferse auf und indem du deinen Oberkörper leicht nach vorne neigst, verschiebt sich das ganze Gewicht auf den rechten Fuß.

- Nun hebe das linke Bein und setze den Fuß wiederum zuerst achtsam mit der Ferse auf, danach rollst du den ganzen Fuß ab.

- Wenn du magst, halte einen Moment inne. Und spüre nach. Es kann sein, dass du dich bei einem Schritt unsicher fühlst oder dass du zu schwanken beginnst. Dann kann es vorkommen, dass du zögerst, den Fuß mit geschlossenen Augen anzuheben. Vielleicht verlässt dich gerade der Mut. Dies ist kein Problem. Versuche, alles nur wahrzunehmen und nicht darüber zu urteilen. Vielleicht erlebst du Ungeduld oder gar Wut. Beobachten, annehmen, nicht in Gedanken verweilen. Loslassen.

- Versuche einige Schritte mit geschlossenen Augen zu vollziehen. Halte inne und spüre zwischendurch immer wieder nach. Vielleicht möchtest du noch einige Schritte gehen, vielleicht möchtest du auch stehen bleiben. Gib dir Zeit, deine Gefühle und deine Gedanken zu beobachten.

• Nach einer Weile öffne die Augen und nimm langsam wieder deine Umgebung wahr. Auch jetzt solltest du ein Bewerten deiner Erlebnisse vermeiden.

»Gehe, als wolltest du die Erde
mit deinen Füßen küssen.«

Thich Nhat Hanh

BESCHENKT VON DER NATUR

Wenn wir uns unserer Sinne bewusst werden –
unserer Fähigkeit zu sehen, zu hören, zu riechen,
zu schmecken –, erleben wir die Welt als neuen,
wunderbaren Ort. Die Natur kann uns dann Kraft,
Zuversicht und Stabilität schenken.

Karins Geschichte:
GROSSVATERS HERZENSGESCHENKE
Als ich ein kleines Mädchen war, war mein
Großvater für mich einer meiner wichtigsten
Lehrer. Mit seinem weißen Bart wirkte er ein

bisschen wie der Nikolaus und so war er auch irgendwie, denn er hatte immer Geschenke für mich. Nicht die üblichen Geschenke, sondern Herzensgeschenke. Geschenke, die mir Antworten auf meine vielen Fragen als Kind gaben, sodass ich das Gefühl hatte, immer reicher und reicher zu werden. Reich an Liebe, Zuwendung und Lebensweisheit. An einen Tag erinnere ich mich besonders gut. Mein Großvater wollte mir im Wald etwas zeigen.

Wir bahnten uns den Weg durch das dichte Gebüsch und dann lag er direkt vor uns: dieser unglaublich schöne, friedvolle natürliche Moorsee. Wir fanden eine kleine Fläche mit trockenem Gras, auf der wir uns niederließen. Wir saßen einfach nur da und genossen die Stille. Worte waren nicht vonnöten.

Die Ruhe, die von meinem Großvater ausging, hatte eine beruhigende Wirkung auf mich. Großvater sagte immer: »Bevor du nicht ruhig bist, möchte ich nicht mit dem Lehren begin-

nen.« Eine tiefe Zufriedenheit machte sich breit. Ich brauchte nichts, ich vermisste nichts, ich war einfach nur da.

Schließlich hörte ich die sanfte, tiefe Stimme meines Großvaters: »Was siehst du?« »Den See«, platzte es aus mir heraus. Noch einmal fragte er: »Was siehst du?« Ich überlegte ein wenig. »Den See, Wasser, den Wald.« Mein Großvater schwieg. Und dann wurde ich wach und mir wurde bewusst, was ich sah. Ich sah die Seerosen mit ihren unterschiedlichen Farbschattierungen, das Schilfgras, das Moos, Birken, Tannen, Blätter, Äste. Dunkles Wasser und Wasser am Ufer, durch das ich bis auf den Grund hindurchschauen konnte. Und ich hörte gar nicht mehr auf zu sehen und wahrzunehmen und mich zu erfreuen an der Mannigfaltigkeit der Natur. So viele Farben, so viele Formen, so viele Eindrücke.

Nach einer Weile merkte ich, dass Großvater die Augen geschlossen hatte. Hörte er mir nicht mehr zu? Nein, ich wusste, er war voll und ganz bei mir und leitete den nächsten Schritt ein. Ich wartete.

»Was hörst du?« Ich: »Nichts.« Stille. »Was hörst du?« Und ich lauschte und ich hörte und ich nahm langsam immer mehr Geräusche wahr. Es waren nun so viele, dass ich gar nicht wusste, wo ich anfangen sollte. Das Wasser, das sich sanft gegen das Ufer drückte. Ein Wassertropfen, nein, es war eine Libelle, die kurz ins Wasser eintauchte und dieses Geräusch verursachte. Bienen summten. Ich hörte den Wald. Das Knacken der Äste, einen Specht in der Ferne und wundervolles Vogelgezwitscher. Oh, jetzt war es wieder verklungen. Moment – da begann ein kleiner Spatz zu singen und da antwortete ein anderer und schon stimmten andere Vögel mit ein. Ich hörte das Gras im leichten Wind sich sanft bewegen. Oder war es der Wind, den ich hörte, oder gar das Zusammenspiel von beidem? Unerschöpflich schien die Fülle der Geräusche zu sein, die ich wahrnehmen konnte, sobald ich aufmerksam wurde.

Ich legte mich langsam zurück in das weiche
Gras. Genoss die Wärme unter mir und die
Sonne, die mir direkt ins Gesicht schien. Es war
Frühsommer und somit noch nicht zu heiß.
Gerade richtig. Und ich merkte, wie ich weg-
döste, in einen wohltuenden Schlaf. Ich ließ es
zu und ließ mich fallen.

Der Schrei einer Krähe brachte mich zurück.
Ich blickte zu meinem Großvater hoch, der mich
voller Liebe ansah und mich fragte: »Was
riechst du?«

Gut, die Lehren waren noch nicht beendet. Ich
schloss meine Augen wieder, um besser riechen
zu können. Und ich roch das Wasser, für das ich
gar keine Worte fand, brackig vielleicht, aber
auch voll von feuchtem, reichem Leben. Das
Moos, so frisch und kräftig. Blumen, Gräser,
Harz, Holz und den süßlichen Tabakgeruch,
der von meinem Großvater ausging.

Plötzlich kitzelte etwas unter meiner Nase.
Mein Großvater hielt mir einen Klee vor den
Mund und deutete mir an, diesen zu essen.

»Was schmeckst du?« Ich probierte unterschiedliche Gräser und Pflanzen, die mein Großvater für mich aussuchte, nahm die feinen Geschmacksnuancen wahr. Zum Schluss zog er ein kleines Stück Schokolade aus seiner Jackentasche. Ich lag in seinem Arm, ließ die Schokolade auf meiner Zunge schmelzen und wusste, dass die Unterweisung für diesmal beendet war.

Hast du einen Ort, der dir Kraft vermittelt, wo du dich sicher und geborgen fühlst oder an dem du die Schönheit der Natur besonders deutlich wahrnehmen kannst? Wäre es nicht an der Zeit, ihn wieder einmal aufzusuchen, vielleicht allein und mit viel Muße zum Lauschen, Spüren, Auftanken?

Fantasiereise zur Tiefenentspannung

Alles loslassen

Fantasiereisen sind Visualisierungsübungen. Durch die Anleitung wirst du in unterschiedliche Wahrnehmungsebenen geführt, von außen nach innen. Es wäre schön, könnte dir diesen Text jemand ganz langsam vorlesen, dem du vertraust und der eine schöne, ruhige Erzählstimme hat. Oder du sprichst die Anleitung selbst auf ein Diktiergerät oder dein Smartphone. Falls das nicht möglich ist, lies die folgenden Punkte durch und durchlaufe die innere Reise danach so gut es gerade möglich ist in deiner inneren Welt.

- Finde dich in einem Raum ein, der gut gelüftet ist und in dem du dich wohlfühlst. Lege eine Matte auf den Boden und gerne eine Decke darauf, damit dir warm genug ist. Eine weitere nimmst du zum Zudecken.

- Nun lege dich mit einer langen Ausatmung auf den Rücken. Die Beine sind ausgestreckt, deine Füße fallen entspannt nach außen. Das Kinn ist leicht in Richtung Brustbein gezogen, die Arme liegen neben dir. Wenn du möchtest und es bequem für dich ist, drehe die Handflächen nach oben. Im Yoga nennt man diese Haltung savasana (die Totenstellung).

- Nimm einige tiefe, bewusste Atemzüge und spüre die Kontaktpunkte deines Körpers mit dem Boden. Mit jeder Ausatmung lässt du dich tiefer und tiefer in den Boden sinken.

- Stelle dir vor, du befindest dich in einem Holzboot auf einem stillen Moorsee. Du liegst ganz entspannt auf den warmen Holzplanken und nimmst langsam deinen Körper wahr. Du spürst deine Fersen, wie sie den Holzboden berühren. Deine Füße sind entspannt. Sollte noch Anspannung fühlbar sein, dann hilft dir jeweils die Ausatmung, sie loszulassen. (Pause)

Nun wandert deine Aufmerksamkeit langsam deine Beine nach oben. Füße und Beine sind entspannt. (Pause) Weiter zu deinen Hüften (Pause), dem unteren Rücken (Pause), dem oberen Rücken. (Pause) Alles ist entspannt. Spüre deine Finger und deine Arme bis hoch zu den Schultern. (Pause) Beine, Oberkörper und Arme sind entspannt. (Pause) Nimm deinen Nacken und Kopf wahr. (Pause) Du fühlst deinen ganzen Körper auf den warmen Holzbrettern des Bootes. Alles ist entspannt – entspannt.

• Nun nimm dich und das Boot wahr. Du spürst, wie das Boot ganz sanft hin und her schaukelt. Die wärmende Sonne gibt dir ein wohliges Gefühl. Ein zarter Wind streichelt über deine Haut. In der Ferne hörst du einen Vogel zwitschern. Die Wellen plätschern sanft an die Außenwand des Bootes. Und du lässt dich immer mehr ein, auf dein Hiersein und auf die Schönheit der Natur.

- Du fühlst dich getragen von dem Boot. Lässt alles los. Du bist getragen vom Leben. Hier musst du nichts mehr tun. Kannst vollkommen sein.

- Verweile an diesem wunderschönen Ort, so lange du möchtest. Nimm immer wieder das sanfte Schaukeln wahr. Wie es dich trägt. Beinahe hast du das Gefühl, dass du schwebst. So leicht, so ruhig, so zufrieden. Alles ist gut. Jetzt.

- Wann immer du so weit bist, kommst du langsam wieder zurück und nimmst dich und deinen Körper wahr. Wecke dich ganz langsam auf, indem dein Atem etwas tiefer wird. Vielleicht möchtest du deine Zehen und Finger bewegen, dich strecken oder gähnen. Gleich bist du wieder ganz da, doch die Stille bleibt in dir.

FINDEN,
WAS DICH TRÄGT

Vertrauen ist nichts, was sich verordnen oder
herbeizwingen lässt. Und doch kannst du dir
bewusst Gelegenheiten schaffen, in denen
es wahrscheinlich ist, dass du Momente von
Vertrauen erleben wirst, und seien sie zu Beginn
auch nur kurz.

Es gibt viele Wege, Vertrauen zu stärken, von
ganz alltagspraktischen über heilende und
therapeutische bis hin zu spirituellen. Manche
davon können wir gut allein gehen, für manche

brauchen wir die Unterstützung anderer
Menschen. Was immer hilft, ist die Erfahrung,
loslassen zu können und getragen oder gehalten
zu sein. Hier kommen ein paar Alltagsideen.

DICH TRAGEN LASSEN

Die Erde trägt dich in jedem Moment deines
Lebens. Wir nehmen das meist selbstverständlich, doch wenn du es dich wirklich bewusst
spüren lässt, kann diese Erfahrung Sicherheit
und Vertrauen fördern. In herausfordernden
Situationen, wenn du dir Unterstützung
wünschst oder einfach loslassen willst, was dich
gerade belastet, kannst du ganz einfach wahrnehmen, dass der Stuhl, auf dem du sitzt, dich
trägt. Er trägt dich, ganz konkret, in diesem
Moment. Spüre, dass du Gewicht abgeben
kannst, während du sitzt oder wenn du im Bett
liegst. Schließe einen Moment die Augen und
erlaube dir, dich der Unterlage wirklich anzuvertrauen. Wiederhole dabei innerlich die Worte
»Loslassen« oder »Getragen sein«.

DIE NATUR SPÜREN

Gerade in schwierigen Momenten ist der Kontakt mit der Natur besonders heilsam. Lege dich in eine Sommerwiese, nah an Mutter Erde, die unerschütterlich, fest und stabil ist und aus der du Kraft schöpfen kannst. Gehe barfuß, vielleicht am Strand, und spüre dabei Sand zwischen den Zehen, der schon seit Jahrtausenden da ist. Lehne dich an einen großen, alten, sonnengewärmten Felsbrocken: Wie viel hat er wohl schon gesehen über all die Jahrzehnte oder sogar Jahrhunderte, die er hier liegt? Wie viel von den Sorgen der Menschen, die in seiner Nähe lebten, hat sich im Laufe der Zeit relativiert?

DEN JAHRESZEITEN VERTRAUEN

Der Zyklus der Jahreszeiten kann Vertrauen in den immer wiederkehrenden Kreislauf von Neubeginn, Aufbruch, Fülle, Ernte, Rückzug, Abschied, Stille und erneutem Werden und Wachsen schenken. Auch wenn der Winter noch so kalt und grau war, im nächsten Frühjahr werden wieder Blüten wachsen und irgendwann mit ihrer ganzen Lebenskraft und Fülle aufbrechen.

Wenn du deine Situation anschaust, befindest du dich eher an dem einen oder dem anderen Punkt im Prozess? Vielleicht sieht es gerade sehr düster und trist aus in dir, dann könnte es sein, dass das die Dunkelheit der Wintersonnwende ist und der Aufbruch in die Helligkeit und die längeren Tage schon kurz bevorsteht.

DEN SENDER WECHSELN

Adriana Huffington, Herausgeberin des erfolgreichen Blogs *Huffington Post*, bekam von ihrer Mutter einmal den guten Rat: »Wechsle den Sender, Schatz. Du hast die Kontrolle über die Fernbedienung.« Beschwerst, jammerst, sorgst, ängstigst du dich vielleicht gerade aus Gewohnheit? Könntest du eine andere innere Station einstellen? Gibt es auch eine Seite in dir, die einen optimistischeren Blick hat? Probiere es mit Umschalten!

»ES GEHT GANZ LEICHT«

Unser Körper und unser Unterbewusstsein reagieren auf unsere innere Einstellung. Was du als schwierig bewertest, erlebst du auch als schwierig. Probiere aus, wie es deine Erfahrung verändert, wenn du dir vor oder während einer Tätigkeit liebevoll und aufmunternd selbst zumurmelst: »Es geht ganz leicht.« Eine Freundin von uns hat auf diese Weise nach und nach gelernt, mit dem Fahrrad freihändig um die Kurve zu fahren – was sie sich früher nie hätte vorstellen können.

Sie erzählte: »Manchmal spannt sich mein Körper aus Gewohnheit auch jetzt noch an, weil ich auf einmal befürchte, ich könne es doch nicht. Dann lächle ich und sage zu mir: ›Es geht ganz leicht!‹ Damit entspannen sich die Muskeln wieder, ich komme zurück in die Balance und biege mit dem Rad ganz locker um die Kurve.«

EINE HALTENDE UMARMUNG

Wenn du dir Trost und Unterstützung wünschst, hilft oft nichts so gut wie eine liebevolle Umarmung. Damit das Gefühl von Wärme, Zuwendung und Gehaltensein allerdings auch wirklich in dir ankommen kann, ist es gut, wenn die Umarmung ein bisschen länger dauern darf als ein kurzes Drücken und Wiederloslassen. Bitte eine gute Freundin oder deinen Partner: »Würdest du mich einen Moment halten? Ich hab's gerade schwer und fände wunderbar, wenn ich einfach mal meinen Kopf an deine Schulter legen und mich ein bisschen ausruhen dürfte.« Erlaube dir, dich wirklich anzulehnen und wieder Kraft zu tanken.

»Wenn sich eine Tür schließt,
öffnet sich eine andere.
Aber wir schauen oft so lang und
bedauernd auf die geschlossene Tür,
dass wir die gar nicht sehen,
die aufgeht.«

Alexander Graham Bell

DER BAUM UND DU

Eine Verbindung fürs Leben

Bäume sind starke Kraftquellen. Schön wäre es, wenn du dir für diese Übung viel Zeit gibst und du sie für dich alleine ausführen könntest, um dich wirklich darauf einzulassen. Begib dich in einen Wald oder Park mit großen, alten Bäumen, wo du eine Weile ungestört sein kannst.

• Suche dir eine Stelle aus, an der du sicher stehen und den Blick schweifen lassen kannst. Lass dich treiben und nimm deine Umgebung wahr.

• Nun schließe die Augen und verbinde dich ganz mit der Natürlichkeit des Seins. Deiner eigenen und der der Natur.

• Nach einiger Zeit öffne die Augen wieder und suche dir einen Baum aus, der eine gewisse

Anziehungskraft auf dich ausübt. Gehe nun zu diesem Baum.

- Stelle dich ganz nah vor ihn und breite deine Arme aus. Umarme deinen Baum und schmiege dich an ihn. Gerne kannst du die Wange an die Rinde legen oder dein drittes Auge, welches sich zwischen deinen Augenbrauen befindet und für deine Intuition steht.

- Schließe die Augen und verbinde dich mit der Kraft und Energie deines Baumes. Lass alles in dich einfließen. Nimm wahr und gib dich ganz diesem Moment hin. Vielleicht spürst du mit der Zeit ein Strömen durch deinen Körper. Vielleicht auch nicht. Alles ist in Ordnung.

- Bleibe so lange mit deinem Baum verbunden, wie es sich gut für dich anfühlt. Schließlich öffnest du langsam die Augen und löst dich von deiner Kraftquelle. Wenn du möchtest, bedanke dich bei deinem Baum, bevor du dich entfernst.

Die Verbindung mit deinem Baum verleiht dir Kraft und lädt dich mit neuer, natürlicher Energie auf. Das Spüren von Verbundenheit schafft Vertrauen.

VERTRAUEN ALS RESSOURCE

Wenn es uns gut geht, ist es leicht, Vertrauen ins Leben zu haben – wenn wir uns stark und selbstsicher fühlen oder verliebt sind. Aber was ist, wenn wir krank werden, wenn wir uns Sorgen um jemand machen, wenn unsere beruflichen Aussichten sich verdüstern und auch weltweit alles irgendwie schiefzulaufen scheint? Was trägt dann?

Gerade in schwierigen Zeiten ist es wichtig, das eigene Vertrauen ins Leben bewusst zu stärken. Vertrauen schenkt uns Kraft und Zuversicht, dass es gut weitergehen kann, selbst wenn wir noch nicht wissen, wie. Natürlich gibt es eine riesige Vielzahl an Herausforderungen, denen wir ausgesetzt sind. Diese Schwierigkeiten erscheinen aber schnell als unüberwindbar und die Sorgen, die wir uns darüber machen, lähmen uns, wenn wir bei all den Problemen aus dem Blick verlieren, wie viel Schönheit, Fülle, Verbundenheit und Liebe uns ständig umgibt. Ob wir mit Arbeitslosigkeit zu kämpfen haben, ernsthaft krank sind oder die Pflege für die dement werdende Mutter organisieren müssen; ob wir uns Sorgen machen, wie es mit der Klimaveränderung, dem weltweiten Terrorismus oder der Flüchtlingskrise weitergehen soll: Wir brauchen Energie, Kraft und Lebensfreude, damit wir nicht in Depression und Resignation versinken oder uns aufreiben in Verzweiflung und unproduktivem Ärger. Du brauchst Vertrauen – Vertrauen, dass du einen Beitrag leisten kannst, der einen Unterschied macht. Vertrauen, dass sich Kräfte entfalten können, auch wenn du sie vielleicht noch nicht sehen und erkennen kannst. Vertrauen, dass sich das Leben auch in schwierigen Zeiten lohnt. Vertrauen, dass es etwas gibt, was dich trägt.

Michael Leunig ist ein australischer Dichter, Cartoonist und Kulturkritiker. Eines seiner Gedichte heißt »Liebe und Angst«:

Es gibt nur zwei Gefühle:
Liebe und Angst.
Es gibt nur zwei Sprachen:
Liebe und Angst.
Es gibt nur zwei Handlungen:
Liebe und Angst.
Es gibt nur zwei Motive, zwei Vorgehensweisen,
zwei Bezugssysteme, zwei Resultate:
Liebe und Angst. Liebe und Angst.

Wenn du dich als Gärtner siehst: Was soll auf dem Boden deines Lebens heute wachsen? Welches der beiden Gefühle willst du gießen? Was willst du ernten? Liebe oder Angst?

TÄGLICH
WUNDER SEHEN

Wer mit offenen Augen und einer inneren Haltung
von Wertschätzung durch die Welt geht, wird
merken, dass es überall etwas zu staunen gibt.
Unser Vertrauen ins Leben kann wachsen, wenn
wir uns berühren lassen von den vielen Wundern,
die uns täglich begegnen.

Mit offenen Augen durchs Leben gehen – das
kann man auch ganz wörtlich verstehen. Du
wachst morgens auf und öffnest die Augen.
Sehen zu können – ist das nicht ein Wunder?

Mit geschlossenen Augen ist es dunkel um dich herum. Du brauchst jedoch nichts weiter tun, als die Lider zu heben, und schon umgeben dich Farben und Formen aller Art. Stell dir einmal vor, wie es wäre, blind zu sein, nicht mehr sehen zu können …

Tag und Nacht umgäbe dich Dunkelheit. Du könntest dich nur noch mithilfe eines Stocks, eines Blindenhunds oder einer anderen Person auf der Straße orientieren, schon der Weg zur Bushaltestelle wäre eine Anstrengung. Du könntest nicht mehr die Gesichter deiner Freunde sehen und die all der Menschen, die du liebst. Wunderschöne Landschaften, Berge und Seen, die rosa und weiß blühenden Bäume im Frühling oder glitzernde Schneeflocken – all das wäre bloß noch eine Erinnerung. Vielleicht schließt du tatsächlich einen Moment die Augen und stellst dir vor, wie sich das anfühlen würde. Wenn du blind wärst, wäre dann sehen zu können nicht dein größter Wunsch? Du kannst auch noch die Handflächen über die geschlossenen Augen legen, dann wird es noch dunkler um dich her. Und so dunkel wäre es immer. Und dann atme einmal tief durch und öffne die Augen wieder – und mach dir das große Geschenk bewusst, das es bedeutet, sehen zu können.

Wie mit dem Sehen ist es mit so vielen Dingen, die wir täglich selbstverständlich nehmen. Der menschliche Geist gewöhnt sich leicht an alles, was mit einer gewissen Beständigkeit verfügbar ist. Eine kurze Zeit freuen wir uns über etwas Schönes, aber dann ist es schon wieder normal und fällt uns nicht mehr auf. Daher ist die Haltung von Achtsamkeit so hilfreich, um uns bewusst zu werden, wie viel Schönheit uns eigentlich umgibt, wie viel ganz wunderbar eingerichtet ist und uns einfach zur Verfügung steht, ohne dass wir etwas dazu tun müssten. Schau beispielsweise einmal mit wachen Sinnen deinen Körper an. Ist es nicht fantastisch, was er kann? Wenn du dir etwa den Arm brichst –

knack, mittendurch, entzwei –, dann wird der Knochen, richtig geschient, einfach wieder zusammenwachsen. Und zwar ohne dass der Körper dafür Instruktionen oder Hilfe von außen bräuchte. Er weiß schlicht, wie das geht, und kann zwei getrennte Teile wieder zusammenwachsen lassen. Ist das nicht phänomenal? Auch wenn du dich mit dem Küchenmesser schneidest, schließt sich die Wunde, ohne dass du das steuern müsstest – oder steuern könntest! Es geschieht ohne Anstrengung von deiner Seite, einfach, weil es die Natur so wunderbar eingerichtet hat. Neue, glatte Haut bildet sich, wie durch Zauberei fügen sich Blutgefäße wieder zusammen und neue Zellen entstehen. Das Leben ist stets auf Wachstum, auf Entwicklung, auf Heilung ausgerichtet. Wir brauchen es oft gar nicht so sehr zu pushen, zu steuern oder zu kontrollieren, wie wir meinen.

Wir wollen wissen, was gleich geschieht.
Wir wollen wissen, was auf uns zukommt.

Wir wollen vorbereitet sein.

Aber warum ist das so?

Wir haben Angst vor Veränderungen, Angst davor, unsere Sicherheitszone aufzugeben. Wir denken: »Das kenne ich – da fühle ich mich wohl.« Aber bedeutet das Leben nicht ständige Veränderung? Was nutzt es, krampfhaft festzuhalten? Ist es nicht schöner, in einer Welt zu leben, in der wir in jedem Moment offen sein können, um zu entdecken, was da kommt? Um zu entdecken, wie wir mit neuen Menschen, Situationen und Gefühlen umgehen können? Ist es nicht schön, keine Ahnung zu haben, wie der Tag verlaufen wird, sondern sich voll und ganz darauf einzulassen, ohne vorgefertigte Meinungen, Hoffnungen, Wünsche? Ist es nicht vorstellbar, dem Leben mit offenen Augen und offenem Herzen zu begegnen? Vielleicht ist es einen Versuch wert.

»Natürlich sind Schiffe,
die im Hafen liegen, sicherer.
Aber dafür
werden Schiffe nicht gebaut.«

Englisches Sprichwort

VINYASA FLOW –
HINGABE UND DANKBARKEIT

Bewegung und Atem in Harmonie

Ein vinyasa flow zeichnet sich dadurch aus, dass die Yogahaltungen, die sogenannten asanas, in einer harmonischen Bewegung ineinanderfließen und der Atem dabei synchron dazu gesetzt wird. Die Körperpositionen dieser Übungsabfolge sind besonders geeignet, um Hingabe, Vertrauen und Dankbarkeit zu erleben.

• Nimm am Ende deiner Yogamatte den Fersensitz ein. Bringe deine Handflächen vor deinem Brustkorb in namaste (Gebetshaltung) zusammen oder lege sie auf den Oberschenkeln ab. Halte für einen Moment inne und formuliere in Gedanken, mit welcher Absicht du diesen vinyasa flow üben möchtest.

• Als Tipp: Vielleicht möchtest du der Sonne als Lebensspenderin danken. Oder einem Menschen Liebe und reine Energie senden. Was auch immer du als positive Absicht auswählst, es sollte von Herzen kommen.

• Mit der nächsten Einatmung komme in den Kniestand und führe zugleich deine Arme gestreckt über vorne nach oben, bis deine Hände über den Schultern positioniert sind. Kurz innehalten. Öffne dich dem Universum gegenüber.

- Mit der nächsten Ausatmung setze die Hände vor deinen Knien auf und gleite mit den Armen und deinem Oberkörper in die Position des Hasen. Die Arme sind nach vorne gestreckt, deine Stirn liegt auf. Genieße diese wunderschöne, hingebungsvolle Haltung. Hier kannst du alles loslassen und dich dankbar dem Leben anvertrauen.

- Mit der nächsten Einatmung komme in den Vierfüßlerstand und mache deinen Rücken lang, indem du Kopf und Becken auseinanderziehst. Der Blick ist leicht nach oben gewandt. Du bist nun in der Haltung der Kuh. Achte darauf, dass

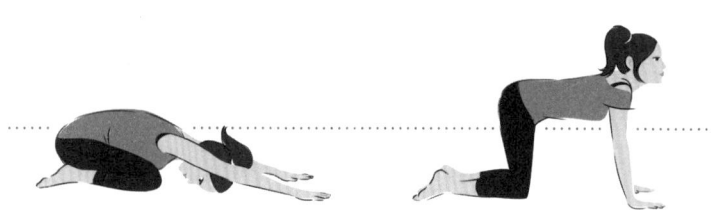

du nicht ins Hohlkreuz kommst, das kann für den unteren Rücken unangenehm sein. Bringe Länge in den Rücken, sodass die Energie frei fließen kann.

• Mit der nächsten Ausatmung schiebe dein Becken nach vorne und bringe deinen Rücken in einen Katzenbuckel, dabei die Schultern nicht nach oben ziehen. Indem du den Kopf in Richtung Brustbein neigst, ist eine kurze Innenschau möglich.

• Mit der Einatmung komme wieder in die Kuh.

- Mit der Ausatmung gleite in den Hasen.

- Dann komme einatmend in den Kniestand, bis du ausatmend wieder im Fersensitz ankommst. Bringe die Hände in namaste. Dann innehalten und nachspüren.

- Wenn du möchtest, übe diesen sanften vinyasa flow einige Male mit dem Fokus auf der Synchronisation deines Atems in der Bewegung. Mit der Zeit kannst du versuchen, langsam die Phasen deines Atems zu verlängern und die Augen zu schließen.

- Einatmung – Atempause – Ausatmung – Atempause.

- Wenn du die Abfolge dieses vinyasa flows verinnerlicht hast, kannst du dich ganz dem Fluss deiner Bewegungen und deines Atems hingeben. Jede der einzelnen Körperpositionen fördert bestimmte innere Haltungen, die mit der Zeit deutlicher spürbar werden. Diese Eigenschaften, wie Dankbarkeit, Herzöffnung und Vertrauen, lassen dich die Schönheit und Tiefe dieses flows erfahren.

DICH MIT DEM LEBEN ANFREUNDEN

Wie können wir erwarten, dass sich das Leben leicht anfühlt und ins Fließen kommt, wenn wir beständig in Widerstand dazu gehen?

Wie oft befinden wir uns in Situationen, die wir nicht mögen und so nicht gewollt haben. Beginnen wir am Morgen eines sonnigen Tages. Der erste Gedanke, der dir vielleicht in den Kopf schießt, ist: »Ich möchte nicht in die Arbeit, sondern lieber in die Berge fahren.« Daran ist grundsätzlich nichts auszusetzen, und vielleicht lässt es sich ja wirklich organisieren. Doch wenn es nicht möglich ist und dieser Wunsch dich den ganzen Arbeitstag über missmutig oder übelgelaunt das verrichten lässt, was heute ansteht, befindest du dich in einem ständigen inneren Konflikt. Dieser Konflikt kann sowohl unbewusst als auch bewusst ablaufen. Du spürst, dass du da, wo du bist, nicht sein möchtest. Du kämpfst laufend gegen deine Sehnsucht nach einem Tag in den Bergen an. Als Folge bist du unkonzentriert und reagierst gereizt. Und dies wiederum hat negative Auswirkungen auf dich und auf deine Mitmenschen. Solche oder ähnliche Gedankengänge und Verhaltensweisen häufen sich täglich mehrfach an.

Hier einige Beispiele, die so ähnlich vielleicht auch schon in deinem Leben aufgetaucht sind:

» Ich will nicht aufstehen.

» Ich möchte lieber in die Berge/an den See fahren, als den ganzen Tag in der Arbeit verbringen.

» Ich bin echt sauer, dass mir der Bus vor der Nase davongefahren ist. Der Busfahrer hätte doch warten können.

» Wieso kann mich der Kollege nicht grüßen. Ich habe doch »Guten Morgen« gesagt.

» Jetzt ist der Kaffee schon wieder leer und niemand hat daran gedacht, neuen zu kaufen!

» Kann ich nicht einmal in Ruhe meine Mails abarbeiten.

» und und und

Die meisten von uns wollen ständig anderswo sein als da, wo wir sind. Wollen dauernd etwas anderes erleben als das, was geschieht. Kein Wunder, sagst du vielleicht, wenn es dort, wo ich bin, unangenehm ist und das, was da geschieht, mir nicht gefällt.

Schon möglich. Doch wenn man einmal die Geste betrachtet, die hinter dieser Einstellung liegt, wird ein großes NEIN deutlich. Ein Nein dem Leben gegenüber. »So nicht.«

Wenn wir jedoch mehr in Einklang mit dem Leben sind, wird sich mehr Fülle einstellen, kann ein natürlicher Fluss ins Fließen kommen. Warum ist das so? Stell dir einmal vor, du möchtest einer Freundin ein Geschenk machen. Du hast etwas ausgesucht und gehst los, um es ihr zu überreichen. Doch noch bevor sie es überhaupt ausgepackt hat, beschwert sie sich schon. »Nein, das wollte ich nicht. Das ist nicht das, was mir gefällt, das weiß ich jetzt schon. Ich bin total unzufrieden mit dem, was du da bringst. Ich hab mir etwas ganz anderes gewünscht. Es sollte kleiner/größer/runder/eckiger/grüner/blauer sein. Geh mir bloß weg damit. So nicht!«
Wie geht es dir als schenkender Person dabei? Macht das Schenken da Spaß? Würdest du gerne mit einem neuen Geschenk wiederkommen?

Angenommen, die Freundin würde hingegen so reagieren: »Wow, damit habe ich gar nicht gerechnet! Danke! Ich weiß noch nicht, was es ist, aber ich bin gespannt und freue mich aufs Auspacken! Mal schauen, was darin ist!« Wie würde sich das wohl auf eure gegenseitige Beziehung auswirken?

Wenn uns nun das Leben etwas schenken wollte – ist es nicht so, dass viele von uns eher auf die erste Art reagieren?

Können wir anfangen zu bemerken, wie oft wir uns dem Leben entgegenstellen? Wie gewohnheitsmäßig wir glauben, besser zu wissen, wie etwas laufen soll? Könnte es sein, dass viele der Probleme, die wir haben, und die Schwierigkeiten, mit denen wir kämpfen, eher das *Resultat* dieser Abwehrhaltung dem Leben gegenüber sind als der Grund dafür?

Unser Widerstand gegen alles, was uns unangenehm ist – oder von dem wir glauben, dass es unangenehm werden könnte –, ist zutiefst in uns verwurzelt. Und er verschwindet nicht einfach so. Gewohnheiten sind hartnäckig. Und doch lassen sie sich verändern. Mit Geduld, mit Verständnis für die Schwierigkeiten, die uns diese Veränderung macht, mit einer gewissen Hartnäckigkeit. Indem wir immer wieder bewusst merken, wie uns dieses Nein dem Leben gegenüber eng macht. Und indem uns bewusst wird, dass sich Geschenke leichter einstellen, wenn wir zumindest in Betracht ziehen, dass es welche sein könnten.

In seinem gleichnamigen Buch nennt es Eckhart Tolle *The Power of NOW:* die lebensspendende Kraft, die uns mehr und mehr zuteilwird, wenn wir anfangen, uns dem Jetzt anzuvertrauen. In einem Vortrag sagte er: »Wenn wir beginnen, mit dem, was ist, mehr in Einklang zu kommen, werden wir erleben, dass sich Möglichkeiten eröffnen, von denen wir nie auch nur träumen können, während wir im Widerstand dem Leben gegenüber feststecken.«

FÜR DICH, NICHT GEGEN DICH

Wie würde sich dein Leben gestalten, wenn du grundsätzlich davon ausgingest, dass das Leben für dich und nicht gegen dich geschieht und dass du die Fähigkeit hast, mit dem umzugehen, was es dir präsentiert? In angenehmen ebenso wie in herausfordernden Situationen? Die folgende Geschichte wird über den Zen-Mönch Hakuin erzählt, der im Japan des 18. Jahrhunderts lebte.

Der Mönch Hakuin lebte in einer kleinen Hütte und war in der Nachbarschaft wegen seines reinen Lebenswandels hoch angesehen. In seiner Nähe lebte ein schönes junges Mädchen. Als man entdeckte, dass das unverheiratete Mädchen schwanger war, wollte sie den Namen ihres Geliebten nicht preisgeben. Ihre Eltern ließen ihr jedoch keine Ruhe, bis sie behauptete, Hakuin sei der Vater. Enttäuscht und über alle Maßen wütend gingen die Eltern zu ihm und beschimpften ihn, weil er ihre Tochter geschwängert habe. Alles, was er zu den Vorwürfen sagte, war: »Ist das so?«

Bald darauf wurde das Kind geboren und die zornigen Eltern der frischgebackenen Mutter brachten das Neugeborene zu Hakuin. Der hatte inzwischen seinen guten Ruf verloren. Man hielt ihn für eine verkommene Kreatur. Das schien Hakuin jedoch nicht weiter zu beunruhigen. Die Eltern des Mädchens riefen: »Hier, dein Kind!« »Ist das so?«, war alles, was Hakuin dazu sagte. Er nahm das Baby auf und sorgte gut für das Kleine. Er pflegte und behütete es wie sein eigen Fleisch und Blut.

Ein Jahr verging. Schließlich hielt die junge Mutter es nicht mehr aus und beichtete ihren Eltern die Wahrheit. Der Vater ihres Kindes war ein armer junger Fischer. Unverzüglich gingen ihre Eltern zu Hakuin, um das Kind nach Hause zu holen: »Gib uns das Kleine, du bist nicht der Vater!« Hakuin übergab ihnen das Kind mit den Worten: »Ist das so?«

Wie geht es dir, wenn du diese Geschichte liest? Sie erzählt von Hakuins Weise, mit dem umzugehen, was das Leben ihm präsentiert. Was ließe sich daraus lernen in Bezug auf *dein eigenes* Leben und die Anfragen, die es *an dich* richtet? Als ihm das Kind anvertraut wird, wehrt sich Hakuin nicht, indem er sagt, er sei nicht der Vater und das Baby nicht seine Verantwortung. Hakuin handelt außerhalb der üblichen Fragen von Moral oder Fairness. Sein Ansehen bei den Nachbarn bekümmert ihn nicht. Er macht sein Verhalten nicht davon abhängig, ob es »fair« ist, dass ihm so etwas zustößt, oder was andere von ihm denken. Vielmehr antwortet er direkt auf die »Anfrage« des Lebens, das ihm eben nun ein Kind in die Arme gelegt hat. Er akzeptiert, was der Moment bringt, und tut, was aus seiner Sicht nötig ist. Damit agiert er so, dass gesichert ist, was ihm in diesem Moment wohl das Wichtigste zu sein scheint: dass das Kind ein Zuhause hat und gut umsorgt wird. Man kann sich vorstellen, dass er als Zen-Mönch nicht gerade viel Erfahrung mit Babys hat und es für ihn einiges zu lernen gibt. Hakuin ist bereit, sich darauf einzulassen. Schätzungsweise ist dieser Schritt auch eine finanzielle Belastung, zumal er seinen guten Ruf verloren hat und vielleicht kaum noch Unterstützung in Form von Almosen aus der Nachbarschaft erhält. Hakuin jedoch beklagt sich nicht, er tut einfach innerhalb seiner Möglichkeiten, was er kann.

Nach einem Jahr, in dem er dem Kind ein liebevoller Pflegevater war, wie die Geschichte erzählt, soll er es plötzlich wieder abgeben. Auch hierauf lässt er sich ein, ohne dagegen zu kämpfen. Er schimpft nicht, er reagiert nicht mit moralischem Dünkel oder verletztem Stolz. Umstandslos tut er, was er als angemessen ansieht – er ermöglicht es, dass das Kleine zu seiner eigentlichen Familie zurückkehren kann. Wenn ihm das nach einem Jahr intensivem Zusammensein schwergefallen ist, was man sich vorstellen kann, so lässt er sich von diesen Gefühlen nicht abhalten, das zu tun, was ihm wiederum eine adäquate Antwort auf die Anfrage des Lebens zu sein scheint.

Was erlaubt Hakuin, so gelassen zu agieren? Seine Haltung ist ein grundsätzliches Einver-standensein mit dem Fluss des Lebens. Selbst wenn das, was das Leben präsentiert, Ein-schränkungen mit sich bringt, wehrt sich Hakuin nicht. Dabei zeigt ihn die Geschichte nicht als Opfer, das einfach alles mit sich machen lässt. Er nimmt schlicht und ergreifend nicht an, dass er besser weiß, was passieren sollte. Er stellt sich dem Leben nicht entgegen.

Bei allem, was geschieht, bleibt er ruhig, zufrieden und handlungsbereit – in Einklang mit dem, was geschieht.

»Dem Leben keinen Widerstand
entgegenzusetzen bedeutet,
in einem Zustand von Gnade, Mühelosigkeit
und Leichtigkeit zu sein.
Dieser Zustand ist nicht davon abhängig,
dass alles auf bestimmte Art und Weise läuft.«

Eckhart Tolle

AUS DEM WIDERSTAND HERAUSFINDEN
Vom Nein ins Ja wechseln

Der spirituelle Lehrer Eckhart Tolle nennt das den »kollektiven Wahnsinn«: die Art und Weise, wie die meisten Menschen in einem konstanten Nein dem Leben gegenüber verharren. Mit der folgenden kleinen Übung kannst du am eigenen Leib erleben, wie sich dieser Widerstand anfühlt – und wie es ist, ihn aufzugeben. (Wir haben für diese Anleitung eine Übung der Meditationslehrerin Tara Brach erweitert.)

• Nimm eine innere Haltung von Achtsamkeit ein – also eine Haltung, die es dir erlaubt, wach und aufmerksam zu sein für das, was geschieht. Du kannst dabei aufrecht sitzen, aber ebenso gut liegen, falls du dabei nicht müde wirst und abdriftest. Schließe die Augen und atme ein paarmal bewusst ein und aus, um deine Aufmerksamkeit zu sammeln und dich zu zentrieren.

- Richte nun absichtlich inneren Widerstand gegen alles, was du in diesem Moment erlebst. Es ist, also ob du innerlich Nein sagst zu allem, was geschieht: Nein dazu, wie sich dein Körper anfühlt. Nein zu dem, was du hörst oder spürst. Nein zu dem, was du fühlst und denkst. Eine mentale Geste von Abwehr: »Nein, hier will ich nicht sein. So ist es falsch. Das soll aufhören.«

- Schau, ob du für eine oder zwei Minuten ganz in dieser Abwehrhaltung bleiben kannst. Bemerke dabei, wie sich dieser Widerstand auf deinen Körper auswirkt. Vielleicht verändert sich deine Mimik, deine Atmung, dein Muskeltonus?

- Nun öffne die Augen, schüttle das innere Nein aus dir heraus. Atme kräftig durch, bewege dich etwas, wenn du magst.

- Nimm dann wieder eine innere Haltung von Achtsamkeit ein. Schließe die Augen und führe deine Aufmerksamkeit nach innen.

• Sage nun im Zuge dieser Übung Ja zu allem, was dir innerlich begegnet: Körperempfindungen, Sinneswahrnehmungen, deine Stimmung, Gedanken … Egal, was es ist, und unabhängig davon, ob du es als angenehm empfindest oder nicht, begegnest du allem Erleben mit einem Ja. Ja zu dem Atemzug, den du gerade nimmst. Ja zu den Kopfschmerzen. Ja zu dem Teil in dir, der keine Lust auf diese Übung hat und sie lieber abbrechen will. Ohne weiter etwas damit zu tun, erkennst du alles an, was innerlich auftaucht, und begrüßt es mit freundlicher Akzeptanz. »Ja, so ist das Leben gerade in diesem Moment. Ja, das erlebe ich gerade. Ja, ich bin einverstanden damit, dass es so ist, wie es ist. Ich bin auch einverstanden damit, dass ich manches davon, was ich gerade erlebe, nicht mag.«

• Bemerke dabei auch, wie sich dieses Einverstandensein körperlich und emotional auswirkt. Vielleicht wird dir leichter ums Herz, die Brust fühlt sich weiter an oder der Atem geht tiefer?

- Wenn du möchtest, geh noch einen Schritt weiter. Schau, ob es möglich ist, dieses Ja in ein vertrauensvolles Ja dem Leben gegenüber auszuweiten. Wie würde es sich anfühlen, innerlich zu sagen: »Ja, ich vertraue darauf, dass es das Leben gut mit mir meint. Wenn es auch nicht immer leicht war, so hat mich doch etwas bis hierher getragen. Ja, ich will das Beste aus dem machen, was mir begegnet.« (Ersetze das durch deine eigenen Formulierungen, wenn diese sich stimmiger anfühlen.)

- Bleibe mit deiner Präsenz ganz in diesem Moment und vertraue dich ihm an. Ja zum Leben jetzt. Verweile in diesem inneren Einverstandensein, so lange du magst.

- Wann immer du so weit bist, öffne sanft die Augen und begrüße, was du siehst, mit einem weichen Blick.

IN RESONANZ KOMMEN

Wie leicht fühlen wir uns abgeschnitten von der Welt, ohne Resonanz. Wir sind hier, alles andere ist »da draußen«. Andere Menschen und die Natur nehmen wir dann als etwas Getrenntes von uns wahr, wir bewegen uns, als wäre die lebendige Welt um uns her eine Theaterkulisse. Wir »benutzen« sie vielleicht als Umgebung für einen schönen Spaziergang oder eine Wanderung, doch bleibt sie uns nicht selten fern – wie etwas, mit dem wir nicht wirklich in einem gegenseitigen, respektvollen Austausch und Miteinander leben.

Das folgende persönliche Erlebnis erzählt davon, wie wenig wir über die geheimnisvollen Möglichkeiten von Kommunikation wissen und dass es jenseits unserer gewohnten Wahrnehmung sehr viel mehr an Beziehung gibt, als wir vielleicht ahnen – wenn wir bereit sind, in Kontakt zu treten.

Heikes Geschichte:
AMEISENFLÜSTERN

Oh nein! Fassungslos stand ich morgens in meinem kleinen Gärtchen beim Blumengießen und blickte auf das Gewusel zu meinen Füßen. Hunderte Ameisen liefen hin und her. Sie schlüpften aus kleinen Löchern im Boden und verschwanden an anderer Stelle wieder im Erdreich. Viele von ihnen trugen weiße Eier. Offensichtlich entstand gerade ein neuer Ameisenhaufen. Und zwar genau vor meiner Terrassentür, die vom Wohnzimmer in meinen Vorgarten führte. Sofort schossen Bilder in meinen Kopf von Ameisenstraßen unter meinem Sofa,

Ameisen in der Küche, in meinem Schlafzimmer, von Chemikalien, von Kammerjägern. Hilfe!

Ich stand da und wusste nicht, was ich tun sollte. Plötzlich erinnerte ich mich an etwas, was mir kürzlich ein Freund erzählt hatte. Man könne mit Ameisen sprechen. Ihr kollektives Bewusstsein wäre zugänglich für Kommunikation von außen.

New-Age-Unsinn? Esoterisch? Kann ja eh nicht funktionieren?

Was soll's, einen Versuch war es wert. Der Gedanke an ausgestreutes Gift und einen wochenlangen Kampf mit den kleinen Viechern behagte mir jedenfalls überhaupt nicht.

Was hatte Michael gesagt? »Du musst ernsthaft mit ihnen reden. Das ist nicht der richtige Zeitpunkt zum Süßholzraspeln. Ernsthaft und so, dass deine Botschaft wirklich ankommt.«

Ich ging also vor den Ameisen in die Hocke, räusperte mich und verband mich mit einem Ort in meinem Bauch, von dem aus ich respektvoll und klar mit ihnen sprechen konnte.

»Also, Ameisen, hört mir zu. Ich weiß, dass ihr einen Platz braucht, wo ihr in Sicherheit leben und eure Kinder in Frieden großziehen könnt. Ich verstehe das. Und vermutlich meint ihr, das sei ein solcher Platz. Aber hier ist nicht der richtige Ort dafür. Ich möchte, dass ihr weiterzieht. Ich möchte, dass ihr ein für alle Mal von hier weggeht. Das ist mein Garten. Es tut mir leid, aber die Wahrheit ist: Ihr seid hier nicht willkommen. Wenn ihr hier einen Ameisenhaufen baut, können wir nicht zusammen in Frieden leben. Ich hoffe ernsthaft, dass ihr einen guten anderen Ort findet. Ich verstehe, dass ihr einen guten Ort braucht. Aber hier ist kein guter Ort für euch. Ich will nicht, dass ihr hierbleibt.«

Ich hoffte, dass mir keine Spaziergänger von jenseits der Gartenhecke zuhörten, doch tatsächlich fühlte es sich gut an, ernsthaft mit den Ameisen zu reden und mich mit dem zu verbinden, was ich wirklich wollte. Ich nahm noch einen tiefen Atemzug.

»Bitte geht weg. Ich möchte euch nicht drohen,

aber wenn ihr nicht weggeht, werde ich andere Maßnahmen ergreifen und die werden für euch nicht angenehm sein. Bitte geht weg. Ich will euch nicht wehtun, aber wenn ihr hierbleibt, werde ich das tun. Ich meine es ernst. Bitte geht weg. Bitte geht heute noch weg. Ihr alle.« Ich richtete mich auf. Konnte das tatsächlich funktionieren?

Nachdem ich die restlichen Blumen gegossen hatte, machte ich mich auf den Weg in die Arbeit. Und nach einer Weile hatte ich den Vorfall vergessen.

Später am Abend, ich trat gerade auf die kleine Terrasse hinaus, um die milde Luft in der Dämmerung zu genießen, fiel es mir wieder ein. Ups, was war mit den Ameisen? Ich beugte mich hinunter und stolperte fast – sie waren weg. Von den Hunderten Ameisen waren nur noch fünf oder sechs übrig, wie eine Nachhut. Alle Eier waren verschwunden. Die kleinen Löcher im Boden leer. Mir blieb der Mund offen stehen. Ich fühlte mich dankbar, erstaunt und tief bewegt. Sie waren alle weg und kamen auch nicht wieder.

Wäre mir das nur einmal passiert, könnte man vielleicht von Zufall sprechen. Tatsächlich habe ich das aber bereits dreimal erlebt, einmal in meinem Münchner Garten und zweimal in einem griechischen Ferienhaus.
Jedes Mal waren die Ameisen mehrere Stunden, nachdem ich sie eindringlich und in Wertschätzung sowohl für ihre wie für meine Bedürfnisse gebeten hatte, wegzugehen, verschwunden. Ich glaube, es hat etwas zu tun mit meiner Intention, mit einem grundsätzlichen Wunsch nach einem friedlichen, respektvollen Miteinander.
Ob das auch mit einem bereits etablierten Ameisenhaufen funktionieren würde, wage ich zu bezweifeln. Und ob das immer klappt – keine Ahnung. Was es zeigt, ist, dass wir in Beziehung treten können mit der natürlichen Welt um uns herum.

Dass es einen Unterschied macht, mit welcher Haltung wir unserer Umwelt begegnen.

Dass wir in Resonanz leben.

Vielleicht hast du das Gefühl, die Geschichte mit den Ameisen widerspricht dem vorher Gesagten. Sollten wir die Ameisen nicht akzeptieren und einverstanden sein damit, dass sie da sind? Geht es nicht darum, mit dieser Haltung der Ablehnung aufzuhören? Wie die meisten Dinge im Leben ist die Sache etwas weniger schwarz-weiß – und sich mit dem Leben anzufreunden heißt nicht, in Passivität zu verfallen.

Ich stand auf der Terrasse und schaute die Ameisen an. Wie gesagt, meine erste, automatische Reaktion war Abwehr. Doch als in meiner Erinnerung die Erzählung meines Freundes von der Kommunikation mit den Ameisen auftauchte, gab es in mir etwas, das bereit war, es trotz aller rationaler Bedenken zumindest auszuprobieren. Eine Art Vertrauensvorschuss zu geben. Mir ging es darum, meine eigenen Bedürfnisse nach einem friedlichen, ungestörten Zuhause, in dem ich mich wohlfühle, ernst zu nehmen und zugleich wahrzunehmen, dass die Ameisen auch nichts anderes wollten. Beides an einem Ort ging jedoch nicht gut zusammen. Ich erkannte auch an, dass ich im Notfall bereit war, zu gewalttätigen Mitteln zu greifen – dass ich das aber nicht wollte, sondern mir eine friedliche Lösung wünschte, die auch für die Ameisen gut war. Ich konnte mir grundsätzlich *vorstellen*, dass es eine gute Lösung für beide Seiten geben könnte. Ich konnte mir *vorstellen*, dass es die Möglichkeit für Kommunikation, für Resonanz geben könnte.

Solange ich nicht in der Lage bin, das auch nur in Betracht zu ziehen, mache ich den Augenblick zu einem Feind. Dann müssen entweder die Ameisen umgebracht werden oder aber ich resigniere und finde mich zähneknirschend damit ab, dass sie den Garten umgraben und sich womöglich auch noch meine Wohnung erobern.

Vielleicht gibt es nicht immer eine gute Lösung, die für alle Seiten funktioniert. Doch um eine finden zu können, müssen wir das Vertrauen aufbringen, dass sie zumindest möglich sein *könnte*.

Erinnerst du dich an die frühen Star-Wars-Filme und Lukes Ausbildung zum *Yedi-Ritter* durch Meister Yoda? Luke sagt: »Ich kann es nicht glauben.« Yoda erwidert: »Darum versagst du.«

Eine Lösung für das Ameisenproblem konnte auftauchen, weil ich bereit war, in Betracht zu ziehen, dass es einen Konsens zwischen den Ameisen und mir geben könnte. Aus einer Gegebenheit, die ich im ersten Moment als unangenehm bewertete, entwickelte sich etwas, woran ich mit Freude und Staunen zurückdenke. Vielleicht hast du auch schon öfter Situationen erlebt, die du zu Beginn als negativ eingeschätzt hast und die sich im Nachhinein als Segen herausstellten? Von einer solchen Situation erzählt auch die folgende Geschichte.

DAS ROTE SPORTAUTO

Ein junger Mann gewann in einer Lotterie einen roten Sportwagen. Freunde und Familie gratulierten ihm überschwänglich: »Wahnsinn, so ein tolles Auto völlig umsonst! Du bist wirklich ein Glückspilz!« Der Mann lächelte und sagte: »Vielleicht. Mal sehen!«

Die nächsten Wochen genoss er seinen neuen Wagen und machte viele Ausflüge. Doch dann wurde er von einem betrunkenen Fahrer auf der Autobahn gerammt. Er musste aus dem Wrack herausgeschnitten werden und kam schwerverletzt ins Krankenhaus. Seine Freunde und Familie waren schockiert: »Hättest du bloß das Auto nicht gewonnen! So ein Unglück! Dass ausgerechnet dir das passieren musste!« Der Mann lächelte schief unter seinem dicken Verband und sagte: »Vielleicht. Mal sehen!«

Während der nächsten Tage regnete es so heftig, dass überall in der Umgegend Erdrutsche abgingen. Ganze Hänge wurden unter Schlamm begraben und Häuser mitsamt ihren Bewohnern fortgerissen. Auch das Haus des Mannes wurde komplett zerstört. Ihm selbst allerdings geschah nichts, da er ja aufgrund des Unfalls im Kran-kenhaus lag.

Schlecht? Gut? Manchmal sind die Dinge weniger eindeutig, als wir meinen. Wenn du auf dein eigenes Leben zurückblickst, wird dir vermutlich so manche schwierige Situation einfallen, die sich im Nachhinein positiv entwickelt hat, etwa eine schmerzhafte Trennung, die jedoch erst die Tür für eine glückliche neue Partnerschaft öffnete. Daraus nun einen schnel-len Trost für schwierige Lebensphasen abzulei-ten, nach dem Motto: »Mach dir nichts draus, bestimmt entsteht daraus etwas Gutes«, fühlt sich für den Betreffenden vermutlich wenig einfühlsam an. Man könnte die Geschichte mit dem roten Auto jedoch einfach als Erinnerung dafür nehmen, dass wir oft das größere Ganze nicht überblicken, sondern nur einen Ausschnitt sehen können.

Je mehr Vertrauen wir entwickeln, desto mehr

können wir in schwierigen Zeiten zumindest die Annahme gelten lassen, das, was geschieht, könnte aus einer anderen, größeren Perspektive gesehen vielleicht einen Sinn haben oder sich zu etwas Positivem entwickeln.

»Wenn es gar so dunkel ist
in deinem Leben, sieh doch einmal nach,
ob es nicht am Ende daher kommt,
dass alle deine Fensterläden
geschlossen sind.«

Johannes Keppler

STRESS ABBAUEN, VERTRAUEN STÄRKEN

Mit dem Atem loslassen

Neue Perspektiven zu entwickeln ist leichter, wenn wir uns gelöst und offen fühlen. Die folgende Übung hilft, Stress und Spannung abzubauen und mehr Ruhe und Gelassenheit zu finden. Sie verbindet die Haltung von Achtsamkeit, also ein nicht-wertendes Bewusstsein, mit wohltuenden inneren Bildern. Durch tiefe, ruhige Atmung und die Visualisierung heilsamer Vorstellungen entspannt sich das Nervensystem. Es kommt zu einem sich selbst verstärkenden Kreislauf zwischen Stressabbau, positiven mentalen und emotionalen Impulsen und angenehmer Körperwahrnehmung. Vertrauen, Zuversicht und ein neuer Blickwinkel können sich einstellen.

• Nimm dir etwa fünf bis zehn Minuten Zeit und richte es so ein, dass du für die Dauer nicht gestört wirst. Wenn du dir länger Zeit nehmen kannst, ist das natürlich auch in Ordnung.

- Suche dir einen angenehmen Ort und mach es dir im Sitzen oder Liegen bequem. Sorge dafür, dass dir warm ist und du es möglichst gemütlich hast. Schließe die Augen und nimm ein paar tiefere Atemzüge. Lass dir etwas Zeit, um anzukommen.

- Richte deine Aufmerksamkeit jetzt auf deinen Körper. Bemerke, wo du Spannung, Enge oder sogar Schmerz spürst. Es ist okay, wenn du diese Empfindungen nicht magst, aber schau, ob du sie, so gut es in diesem Moment gerade geht, da sein lassen kannst. Kämpfe nicht gegen sie an.

- Sobald du eine Spannung oder eine Enge lokalisiert hast, lass einen tiefen Atemzug entstehen. Stell dir beim Einatmen vor, dass sanftes, beruhigendes weißes oder goldenes Licht durch deinen Scheitelpunkt in deinen Körper fließt. Ganz wie von selbst gelangt es in die Region, in der du Spannung oder Enge wahrnimmst.

- Lass das lindernde, freundliche Licht den Bereich ganz ausfüllen. Mit dem Licht breiten sich Vertrauen und Zuversicht bis in die Tiefe der Zellen aus.

- Atme lang und langsam aus. Stell dir dabei vor, wie der Atem alle Enge, Anspannung, Schmerz oder ungünstige Energien nach unten aus dem Körper ausleitet. Der Atem bewegt alle negativen Energien bis in die Beine und Füße, wo sie schließlich aus den Fußsohlen bis in die Erde abfließen. Die Erde neutralisiert und transformiert alles Abgeflossene, sodass es sich wie in einem Recycling- oder Kompostierpro-zess in etwas Unschädliches oder sogar Positi-ves verwandelt.

- Wiederhole diesen Vorgang, so oft es nötig ist, bis alle Spannung sich aufgelöst hat und alle ungünstigen Energien abgeflossen sind.

Die Visualisierungen sind dabei nur Vorschläge. Wenn dir zum Beispiel statt des weißen oder goldenen Lichtes etwas anderes stimmiger erscheint, fühl dich frei, deinen eigenen Impulsen zu folgen. Vielleicht möchtest du dir andere Farben oder Bilder (fließendes Wasser, ein sanftes Pulsieren positiver Energie) oder angenehme Klänge vorstellen.

DIE MACHT UNSERER VORSTELLUNG

Imaginations- oder Visualisierungsübungen lassen sich gut einsetzen, wenn wir ein Gegengewicht zu negativen Gedanken, schwierigen Gefühlen oder körperlicher Spannung brauchen, um innere Balance zu finden. Dein Gehirn reagiert auf etwas, was du dir vorstellst, nämlich fast genauso intensiv, als würdest du es wirklich erleben.

Tatsächlich erlebst du das in deinem Alltag vermutlich im negativen Sinne ständig, ohne dass du dir dessen bewusst wärst. Wenn du nachts wach liegst und vor lauter Grübeln und Sorgen nicht schlafen kannst, bist du dabei, dir lauter negative Dinge vorzustellen. Und wie reagierst du? Mit Unruhe, Ängstlichkeit, Anspannung. Da wäre es doch viel besser, diese Macht deiner Vorstellungskraft positiv zu nutzen, indem du angenehme, unterstützende Bilder in dir wachrufst.

VERTRAUE
IN DIESEN MOMENT

Wie selten sind wir mit unserer Aufmerksamkeit wirklich bewusst da, wo wir uns gerade aufhalten. Wir wollen lieber schon immer einen Schritt weiter in der Zukunft sein, so als würden wir dem gegenwärtigen Moment nicht vertrauen. Dabei hat er oft jede Menge Geschenke für uns – wenn wir diese denn sehen und wertschätzen könnten.

Sei in diesem Moment glücklich, meint der persische Philosoph und Dichter Omar Khayyám, der im 11. Jahrhundert lebte – dieser

Moment ist dein Leben. Jetzt, in diesem Moment, wenn du jetzt ganz präsent und anwesend bist, kannst du glücklich sein.

>>Be happy for this moment.
This moment is your life.<<

Omar Khayyám

Gibt es denn irgendeinen Moment deines Lebens, der nicht jetzt ist?
Vielleicht sagst du: Klar! Meine Vergangenheit und meine Zukunft.
Aber schau noch einmal genau hin. Wo ist deine Vergangenheit? Gibt es sie irgendwo außer in Erinnerungen, Gefühlen oder auf Fotos? Ist die Vergangenheit etwas anderes als Gedanken oder Aufzeichnungen darüber? Und kannst du dir zu irgendeinem anderen Moment über deine Vergangenheit Gedanken machen, darüber sprechen, etwas dazu lesen, Gefühle fühlen, die damit in Zusammenhang stehen – als jetzt?

Und wenn du in deiner Erinnerung zurückgehst
in die Vergangenheit, kannst du das zu einem
anderen Zeitpunkt tun als genau jetzt?

Ähnlich verhält es sich mit der Zukunft. Existiert die Zukunft denn überhaupt? Sie ist immer
etwas, das noch nicht da ist, etwas Vorgestelltes.
Wir nehmen an, wie es sein wird, vielleicht
freuen wir uns darauf, oder wir fürchten uns
davor … Doch welche Gefühle wir auch immer
dazu haben: Die Zukunft existiert nirgendwo
anders als in unserem Kopf. Das heißt natürlich
nicht, dass nicht etwas davon eintreten kann,
was wir uns vorgestellt haben. Manchmal tritt
es genau so ein, manchmal kommt es ganz
anders. Doch in dem Moment, wo es passiert,
ist es immer … jetzt. Unser ganzes Leben findet
nur JETZT statt.

Das mag sich im ersten Moment wie eine
theoretische Überlegung anhören, wie eine
philosophische Spielerei. Doch das ist es ganz
und gar nicht. Wirklich zu begreifen, dass du
immer nur *jetzt* lebst und dass du in diesem

Moment frei sein kannst, kann dein Leben radikal verändern

Heißt das, dass Vergangenheit oder Zukunft nicht relevant sind, dass wir nichts daraus lernen bzw. uns nicht darum kümmern sollten? Natürlich nicht. Aber wie du sie betrachtest, wie du mit den Erinnerungen an frühere Erfahrungen und mit den dazugehörigen Gefühlen umgehst, wie sehr du die Sorgen über Eventualitäten in der Zukunft dein Lebensgefühl bestimmen lässt – das entscheidest du. Und zwar jetzt. In diesem Moment. Es gibt ja auch gar keinen anderen Moment, wo du das entscheiden könntest. Denn es gibt keinen anderen Moment, in dem du lebendig bist.

Allerdings gaukelt uns unser Verstand vor, dass es unabdingbar ist, sich *ständig* mit Vergangenheit und Zukunft zu beschäftigen.

Wie wäre es, wenn du dich jetzt, hier, ganz konkret entscheiden würdest, gerade in diesem Moment glücklich zu sein?

Nicht glücklich für die nächsten zehn Minuten, die nächsten Stunden. Sondern einfach nur jetzt. Vielleicht ist dir »glücklich« ein zu großes Wort. Wie wäre es, dich zu entscheiden, froh zu sein? Oder vertrauensvoll? Oder zufrieden? Oder einfach nur *hier*. Anwesend. Präsent. Das, was jetzt gerade da ist, wahrnehmend.

Gut möglich, dass dein Verstand Einwände erhebt. »Ja, aber ich bin jetzt gerade nicht glücklich. Es gibt so viel in meinem Leben, was mich unzufrieden macht. Und was wäre, wenn jeder so leben würde? Einfach nur zufrieden im Jetzt rumhängen. Da würde ich ja gar nichts mehr auf die Reihe bekommen. Ich muss mich doch schließlich morgen darum kümmern, dass …« und so weiter und so fort. Und auf einer bestimmten Ebene sind diese Einwände auch sinnvoll und nachvollziehbar. Die Sache ist bloß, dass der Verstand die Zukunft und die Vergangenheit *liebt*. Er will gar nicht anderswo sein. Das liegt daran, dass der Verstand eine Problemlösemaschine ist. Und wo gibt es die meisten Probleme, die man lösen und über die man nachdenken könnte? In der (vorge-stellten) Zukunft und in der (erinnerten) Ver-gangenheit.

In der Gegenwart – und damit ist nicht »der ganze heutige Tag« gemeint, sondern genau dieser Moment, der jetzt stattfindet –, in der Gegenwart gibt es hingegen sehr viel weniger Probleme. Wenn du in der Lage bist, mehr im HIER zu leben, verschwinden viele Probleme von selbst. Und wenn wir aufhören würden, uns mit unseren vielen vorgestellten Problemen zu beschäftigen, hätten wir mehr Energie und Kraft, um uns gemeinsam um die wirklichen Probleme zu kümmern, die wir dringend angehen sollten, wenn wir als Spezies überleben wollen.

Bitte überprüfe einmal für dich selbst, ob folgende Beschreibung zutreffend ist: Im Hier und Jetzt gibt es in vielen Fällen kein Problem. Der gegenwärtige Moment ist häufig recht angenehm oder sogar unterstützend.

Schau, ob es eine Möglichkeit gibt, das auf anderem Wege zu überprüfen, als darüber nachzudenken. Der Verstand weiß nämlich gar nicht, wie das gehen soll, im Hier und Jetzt zu sein. Doch es gibt eine andere Ebene in dir, die das kann.

Heißt das, dass der Verstand schlecht ist, Gedanken unnütz sind und du ab jetzt nicht mehr denken sollst? Nein, es heißt bloß, dass dir bewusst sein sollte, dass du nicht dein Verstand *bist*. Du *hast* einen Verstand und damit ein sehr nützliches Werkzeug, um bestimmte Dinge zu planen, zu überlegen, zu analysieren. Dieses Werkzeug hat jedoch die Herrschaft über unser Leben übernommen und bereitet uns riesige Probleme, weil wir es in den Mittelpunkt unseres Daseins gerückt haben.

Lass uns noch einmal zurückgehen zum obigen Vorschlag. Bitte überprüfe für dich selbst, ob folgende Beschreibung zutreffend ist: Im Hier und Jetzt gibt es meistens kein Problem. Dafür komme mit deiner Aufmerksamkeit ganz in diesen Moment. Vielleicht legst du das Buch zur Seite und spürst mit Offenheit und Präsenz dein Leben GENAU JETZT. Nicht in einer Minute, nicht morgen, nicht gestern, JETZT. Welches Problem ist jetzt *real* da?

Vielleicht merkst du, dass du in diesem Moment an einem trockenen Ort sitzt, dass du atmest, dass um dich herum alles einigermaßen friedlich ist. Ziemlich gut eigentlich, dieser Moment, nicht wahr?

Aber dann sagt der Verstand: Schon möglich, aber ich bin einsam. Oder: Ich bin arbeitslos. Oder: Ich habe Magenschmerzen.

Das kann alles sein. Es geht auch nicht darum, keine Schritte zu unternehmen, etwas zum Positiven zu verändern. Doch jetzt. In diesem Moment (und noch einmal: nicht morgen, nicht nachher, sondern genau jetzt): Welches Problem ist real in diesem Augenblick da?

Horche einen Moment. Lausche.

Finde diese Ebene in dir, die immer da ist –
weit, offen, lebendig, präsent. Ohne Erwartungen, ohne Anstrengung. Einfaches Dasein.
Merke, wenn sich der Verstand wieder einschal-
tet. »Ja, in diesem Moment ist vielleicht alles
okay, aber …« Genau. Hier an dieser Stelle,
wenn der Kopf mit seinem Widerspruch ein-
setzt, entsteht ein Großteil unserer Probleme.
Statt dich mit dem Verstand darüber auseinan-
derzusetzen, ob es nun wahr ist oder nicht, dass
es NOW, im Jetzt, sehr viel weniger Probleme
gibt, als er behauptet – wie wäre es, immer öfter
mit deiner Aufmerksamkeit in die Gegenwart
zu kommen und die Momente zu genießen, wo
alles in Ordnung ist? Und daraus Kraft und
Vertrauen zu schöpfen für den Umgang mit den
Problemen, die uns tatsächlich begegnen und
denen wir uns stellen müssen?

ALLES IST VORHANDEN

Die Ebene von einfacher Präsenz in uns zu finden, jenseits unserer Gedanken und unserer Sorgen, ermöglicht uns die Erfahrung, dass alles vorhanden ist. Wir sind nicht mangelhaft, ungenügend oder falsch – trotz aller Schwächen und Entwicklungsaufgaben, die noch auf uns warten. In unserem Kern sind wir immer vollständig und perfekt, so, wie wir sind. Wir haben nur vergessen, es zu sehen.

Karins Geschichte:

DAS GÖTTLICHE IN UNS WIEDERFINDEN

An einem kalten Wintertag hatte ich mich mal wieder aufgemacht, meinen Großvater zu besuchen. Kurz vor seiner Holzhütte sah ich den Rauch aus dem Schornstein aufsteigen und hörte dieses vertraute Geräusch. Dieses Schaben, wenn er mit seinem Schnitzmesser die oberste Schicht eines Holzstücks entfernte. Ich freute mich, dass er bei seiner und meiner Lieblingsbeschäftigung war, und beschloss, ihm einige Hölzer mitzubringen. Ich war nicht ganz zufrieden mit meiner Auswahl, aber langsam wurde mir kalt und so ging ich in die Hütte. Er begrüßte mich mit einer Tasse heißer Schokolade und dann sah ich, woran er gerade arbeitete. Mir stockte der Atem. Die Skulptur war von einer so unglaublichen Schönheit, dass es mir Tränen in die Augen trieb. Ich sah eine Mutter, auf ihrem Arm ein kleines Kind. Die Mutter blickte ihr Baby mit einem zärtlichen Ausdruck an und drückte es sanft an ihre Brust. Das Baby hatte einen tief zufriedenen Gesichtsausdruck und ein weiches Lächeln auf den kleinen Lippen. Beide schienen nichts zu vermissen, alles zu haben, alles zu spüren. Liebe und Geborgenheit. Und dann blickte ich auf zu Großvater und fragte ihn: »Hast du das aus dem wunderschönen Holzstück geschnitzt, das ich dir vor zwei Wochen mitgebracht habe?« Ich war so stolz, ein makelloses Stück Holz gefunden zu haben. Doch Großvater zeigte hinter sich auf seine Werkbank, da lag es noch. Er sagte: »Schaue nicht nach dem Äußeren. Tief nach innen musst du blicken und dort entdeckst du die Schönheit deines Seins.« Ich verstand ihn nicht ganz. Doch er fuhr fort: »Es ist alles vorhanden. Wenn wir geboren werden, liegt uns die Göttlichkeit inne. Jedem von uns. Wir sind so rein und frei. Nur mit der Zeit bekommen wir Narben und Risse. Und es legt sich etwas wie Staub über unser wahrhaftiges, göttliches Sein. Wir verlieren das Vertrauen in uns selbst, werden unsicher und misstrauisch. Wir bilden

Gewohnheiten, Gedankenmuster und Gefühls-
blockaden, die uns das Leben erschweren. Wir
werden engstirnig und manchmal verschließen
wir sogar unser Herz.« Ich wurde immer
trauriger, denn langsam wurde mir klar, warum
es so viele Menschen gab, die nicht glücklich
waren.

Mein Großvater fuhr fort: »Wenn du verstehst,
dass es im Leben darum geht, dass du dich selbst
in deinem wahren Wesen wiedererkennst und
annimmst, bist du auf dem richtigen Weg. Ohne
immer nur darauf zu achten, was im Außen
geschieht oder was die Gesellschaft von dir
erwartet. Verstehe, dass nur du die Entscheidung treffen kannst, wie du lebst. Auch deine
eigenen Erwartungen und Sichtweisen können
dich manchmal fehlleiten und dir dein Leben
schwer machen. Gehe wieder zurück zu deinem
Ursprung, indem du erkennst, was dich von
deinem göttlichen Sein abgebracht hat. Dann
wirst du frei sein, lieben und dein Leben mit
Leichtigkeit genießen können.«

Ich war tief berührt von den Worten meines Großvaters. Ich konnte damals noch lange nicht alles verstehen, spürte aber, dass dies eine sehr wichtige Unterweisung gewesen war und dass es Teil meiner Lebensaufgabe sein würde, sie zu verwirklichen.

»Geh deinen Weg gelassen
im Lärm und in der Hektik dieser Zeit
und behalte im Sinn
den Frieden,
der in der Stille wohnt.

Du bist ein Kind des Universums,
nicht weniger als die Bäume
und die Sterne.«

Max Ehrmann

AUFBRECHEN
IN DAS
ABENTEUER LEBEN

Mit der Fähigkeit zu staunen, mit Präsenz, Liebe und Vertrauen sind wir bereit für das, was kommt. Unsere alten Muster von Enge, Grübeln, Misstrauen und Angst holen uns vielleicht immer wieder einmal ein, doch dann machen wir uns eben ein weiteres Mal daran, sie zu erkennen und sie wieder loszulassen.

Die meisten von uns sind gewohnt zu denken, das Leben und wir selbst seien irgendwie defizitär, nicht genug. Der Schlüssel zur Veränderung liegt darin zu begreifen, dass es weniger die Umstände unseres Lebens sind, die uns Schwierigkeiten machen, als die Art und Weise, wie wir sie beurteilen und damit umgehen. Wir haben nicht die Macht zu kontrollieren, was in unserem Leben geschieht, doch wir haben immer die Möglichkeit, unsere eigene Haltung und unsere Reaktion dazu zu wählen und auf die zarte Stimme in uns zu hören, mit der unser Herz spricht. Es liegt an unserer Interpretation, ob wir ein Ereignis als Katastrophe oder als Chance für Wachstum und Veränderung ansehen wollen.

Der französische Autor und Rechtsanwalt Thomas d'Asembourg unterstützt Jugendliche in schwierigen Situationen und beschäftigt sich viel mit Positiver Psychologie. Von ihm stammen die folgenden Zeilen, die uns aus dem Herzen sprechen:

»Mir scheint, dass jeder Mensch erkennen kann (man muss kein großer Psychologe dafür sein), dass ein Teil von uns angespannt, in Kontraktion lebt, Angst zu verlieren hat und gewinnen will. Dieser Teil zählt, was er gibt und was er bekommt (und vor allem, was er nicht bekommt), und kommuniziert mehr durch Machtbeziehungen … als durch Zusammenarbeit. Dabei dominieren Rechthaberei und Aggressivität und sodann Einsamkeit und Verbitterung als Resultat davon. Das ist das Ego.

Jeder Mensch kann ebenfalls spüren – dazu muss man kein großer Weiser sein –, dass ein anderer Teil von uns nach einer höheren Qualität von Sein und Zusammensein strebt, sich danach sehnt, Beziehungen voller Synergie und gemeinsamer Kreativität zu leben, in denen Fantasie, Intuition, Wohlwollen und innere Kraft vorherrschend sind sowie der Frieden und das Zugehörigkeitsgefühl, die daraus erwachsen. Das ist das Sein, unser wahres Wesen.«

Unser Anliegen war es, dir Möglichkeiten aufzuzeigen, um dich auf den Weg zu mehr Leichtigkeit, innerer Freiheit und deinem wahren Sein zu begeben. Wir hoffen, dass du

Lust bekommen hast, das Gelesene auszuprobieren, und dass du dabei feststellen wirst,
dass das Leben kein Problem ist, das es zu lösen
gilt, sondern ein Abenteuer, in das wir jeden
Moment neu aufbrechen. Now!

Bildnachweis

S. 2: Photocase/misterQM; S. 6: Shutterstock/Ditty_about_summer; S. 22/23: Shutterstock/Traveller Martin; S. 32: Photocase/owik2; S. 46/47: Photocase/ariefsetiawan; S. 55–59: Nina Rode, Berlin; S. 60/61: Fotolia/Subbotina Anna; S. 78: Photocase/joto; S. 96/97: Photocase/derProjektor; S. 107: Lothar Hennig, München; S. 118: Photocase/cyooh

Quellennachweis

S. 19: Thich Nhat Hanh, aus einem Vortrag; S. 45: Michael Leunig, aus *When I talk to you: A cartoonist talks to God,* Abdruck mit freundlicher Genehmigung; S. 73: Eckhart Tolle, aus einem Vortrag; S. 113: Max Ehrmann, aus seinem Gedicht »Desiderata«, auch bekannt als »Lebensregel von Baltimore«; S. 115: Thomas d'Asembourg aus: Christophe André und Matthieu Ricard (Hg.): *Das Geheimnis einer glücklichen Seele,* Scorpio 2015.
Leider ist es nicht in allen Fällen gelungen, die Fundstelle ausfindig zu machen. Der Verlag bittet ggf. um Nachricht, damit bei einer Nachauflage eine korrekte Quellenangabe erfolgen kann.

JETZT IST DIE BESTE ZEIT
FÜR VERÄNDERUNG

ISBN 978-3-95803-149-4   ISBN 978-3-95803-150-0

www.scorpio-verlag.de